BEI GRIN MACHT SICH IHR WISSEN BEZAHLT

- Wir veröffentlichen Ihre Hausarbeit, Bachelor- und Masterarbeit

- Ihr eigenes eBook und Buch - weltweit in allen wichtigen Shops

- Verdienen Sie an jedem Verkauf

Jetzt bei www.GRIN.com hochladen und kostenlos publizieren

Bibliografische Information der Deutschen Nationalbibliothek:

Die Deutsche Bibliothek verzeichnet diese Publikation in der Deutschen Nationalbibliografie; detaillierte bibliografische Daten sind im Internet über http://dnb.d-nb.de/ abrufbar.

Dieses Werk sowie alle darin enthaltenen einzelnen Beiträge und Abbildungen sind urheberrechtlich geschützt. Jede Verwertung, die nicht ausdrücklich vom Urheberrechtsschutz zugelassen ist, bedarf der vorherigen Zustimmung des Verlages. Das gilt insbesondere für Vervielfältigungen, Bearbeitungen, Übersetzungen, Mikroverfilmungen, Auswertungen durch Datenbanken und für die Einspeicherung und Verarbeitung in elektronische Systeme. Alle Rechte, auch die des auszugsweisen Nachdrucks, der fotomechanischen Wiedergabe (einschließlich Mikrokopie) sowie der Auswertung durch Datenbanken oder ähnliche Einrichtungen, vorbehalten.

Impressum:

Copyright © 2018 GRIN Verlag
Druck und Bindung: Books on Demand GmbH, Norderstedt Germany
ISBN: 9783668611283

Dieses Buch bei GRIN:

https://www.grin.com/document/386956

Moritz Wenninger

Wie erfolgreiches Abnehmen richtig gelingt

GRIN Verlag

GRIN - Your knowledge has value

Der GRIN Verlag publiziert seit 1998 wissenschaftliche Arbeiten von Studenten, Hochschullehrern und anderen Akademikern als eBook und gedrucktes Buch. Die Verlagswebsite www.grin.com ist die ideale Plattform zur Veröffentlichung von Hausarbeiten, Abschlussarbeiten, wissenschaftlichen Aufsätzen, Dissertationen und Fachbüchern.

Besuchen Sie uns im Internet:

http://www.grin.com/

http://www.facebook.com/grincom

http://www.twitter.com/grin_com

Inhaltsverzeichnis

1 EINLEITUNG 3

2 GEWICHTSREDUKTION 5

2.1 Das Prinzip der negativen Energiebilanz 5

2.2 Der Jojo-Effekt 7

2.3 Dauer von Gewichtsreduktionen 9

2.4 Wirkfaktoren bei der Gewichtsreduktion 10

2.5 psychologische Aspekte der Gewichtsreduktion 12

3 DIE ROLLE VON KÖRPERLICHER AKTIVITÄT BEIM ABNEHMEN 15

4 ZUSAMMENFASSUNG 17

5 LITERATURVERZEICHNIS 19

6 ABBILDUNGSVERZEICHNIS 21

7 ABKÜRZUNGSVERZEICHNIS 21

1 Einleitung

Ich blättere an den Weihnachtsfeiertagen bei meiner Großmutter durch die Klatschblätter, die sie wegen der Kreuzworträtsel von Bekannten bekommt, wie sie immer betont. Neben all dem Tratsch um mehr oder weniger bekannte Personen fallen mir die penetranten, teilweise zwei Seiten füllenden Anzeigen zum Thema Abnehmen ins Auge. Sie preisen meist irgendwelche Pillen oder Pulver an, die Fett wie trocken Holz verbrennen, gespickt mit lachenden Personen, die dieses Versprechen anscheinend selber am eigenen Leib erlebt haben.

„In 10 Wochen 20 Kilo runter!",
heißt es dort, um nur eines der spektakulär klingenden Zitate zu nennen. Darunter natürlich auch wieder eine schlank anmutende, lachende Person, deren Leben scheinbar nur durch den Einsatz des beworbenen Produktes eine 180° Wende gemacht hat. Eine weitere Person verspricht „36 Pfund in 8 Wochen" abgenommen zu haben, auch sie lacht. Pfund, ja warum denn nun auf einmal Pfund frage ich mich. Aber klar doch, verändert man die Maßeinheit, bekommen Sachverhalte einen ganz anderen Eindruck übergestülpt. 36 Pfund klingt nun mal einfach nach enorm viel mehr, als nur 18 Kilogramm. Die Zahl ist doppelt so groß! Man stelle sich eine Angabe in Gramm vor, welch exorbitant riesige Zahl:
18 000 Gramm!
Wahnsinn, wohl aber auch zu viel Wahnsinn, um wirklich eine Angabe in Gramm abzudrucken.

Neben den Namen der Personen, die diese zitierten Aussagen gemacht haben sollen, steht jeweils ein Sternchen. Ja was heißt denn nun dieses Sternchen frage ich mich. Eventuell steht ja weiter unten „*hierbei handelt es sich um bezahlte Schauspieler", denke ich mir und suche nach dem Vermerk für die Bedeutung hinter dem „*".

Endlich gefunden, erfahre ich, dass Persönlichkeitsangaben aus Gründen des Datenschutzes geändert wurden. Wie schade aber auch, ich hätte gerne einmal bei den zufriedenen Anwendern nachgefragt...

Da ich aber niemanden dieser Herrschaften zu der Wirkungsweise des beworbenen Produktes befragen kann, beginne ich die Aussagen wissenschaftlich zu hinterfragen. Führen wir uns die Aussage noch einmal kurz vor Augen: „In 10 Wochen 20 Kilo runter!"

Bei einem täglich zu Grunde gelegten durchschnittlichen Kalorienverbrauch eines Erwachsenen von 2000 kcal hätte ein Erwachsener über den Zeitraum von zehn Wochen 70 x 2000 kcal = 140 000 kcal verzehren können.
Der größte Energiespeicher des menschlichen Körpers ist das Fettgewebe. Aufgrund der hohen Energiedichte von Fett können dort große Mengen Energie gespeichert werden. Bei einem Energiegehalt von 9,3 kcal pro Gramm besitzt 1 kg Fett einen Brennwert von über 9000 kcal. 1 kg Fettgewebe speichert ungefähr 7000 kcal, da es nicht ausschließlich aus Fett, sondern auch aus Bindegewebe und Blutgefäßen besteht (Löser, 2011, S. 21).
Um nun 20 Kilogramm Fett mit einem Brennwert von 20 x 7000 kcal = 140 000 kcal abzubauen, hätte man diese Kalorien ja einsparen müssen. Das bedeutet folglich, dass diese Person in dem Zeitraum der 10 Wochen nichts, aber auch gar nichts hätte essen dürfen, oder aber so viel Sport treiben müssen, dass am Ende des Tages sämtliche zuvor aufgenommenen Kalorien wieder abtrainiert gewesen wären. Beides erscheint in meinen Augen absolut realitätsfern zu sein. Diese Rechnung ist nun stark vereinfacht und berücksichtigt nicht, dass beim Abnehmen nie nur Fett, sondern auch Proteine abgebaut werden und auch die 2000 kcal Tagesaufnahme einen Wert darstellt, der eher für Frauen heranzuziehen ist. Zugleich ist ersichtlich, wie unrealistisch die eingangs zitierte Aussage erscheint.

> **Seien Sie kritisch gegenüber verheißungsvollen Versprechungen**

2 Gewichtsreduktion

Auf einer Vielzahl von Zeitschriften prangt einem das verheißungsvolle Versprechen entgegen, so und so viele Kilogramm in dieser und jener Zeit abzunehmen, so dass man ins Grübeln kommt, welche der Unmengen an Diäten, Pillen, Pulver und Versprechungen denn nun am meisten bringt und auf welchem Grundprinzip diese fußen.

2.1 Das Prinzip der negativen Energiebilanz

„Das Prinzip der Energiebilanz bildete die Grundlage für alle Diätvariationen, die von Wissenschaftlern, Ärzten und und Laien in der Folgezeit bis heute propagiert wurden" (Reich & Cierpka, 2010, S. 5). Eine pauschale Verknappung der Kalorien ist die Basis jeder Reduktionsdiät.

„Als Energiebilanz bezeichnet man die Differenz zwischen Energieaufnahme und Energieverbrauch" (Rahmen, 2015, S. 5). Nimmt man mehr Energie auf, als man verbraucht, nimmt man zwangsläufig zu (positive Energiebilanz). Nimmt man weniger Energie auf, als man verbraucht, nimmt man in jedem Falle ab (negative Energiebilanz). Um es bildlich auszudrücken, kann man ein Bankkonto heranziehen. Das Guthaben wird nur dann weniger, wenn mehr Geld ausgegeben wird (Kalorien verbrannt werden), als Geld verdient wird (Kalorien aufgenommen werden). Folglich gibt es zwei bzw. drei Möglichkeiten das Guthaben zu senken:

1. Man gibt noch mehr aus und hält den Verdienst konstant
2. Man reduziert den Verdienst bei gleichbleibenden Ausgaben
3. Man gibt noch mehr aus und reduziert zusätzlich den Verdienst

Übertragen auf die Energiebilanz bedeutet das:

1. Man steigert den Kalorienverbrauch durch erhöhte körperliche Aktivität, hält seine Kalorienaufnahme jedoch konstant
2. Man senkt die Kalorienaufnahme bei gleichbleibendem Kalorienverbrauch
3. Man steigert den Kalorienverbrauch durch erhöhte körperliche Aktivität und senkt zusätzlich die Kalorienaufnahme

Kritisch anzumerken ist, dass bei einer veränderten Kalorienbilanz nicht jeder Organismus gleich reagiert. So ließ Bouchard (1990, S. 1477 ff.), ein renommierter Zwillingsforscher aus Quebec, 12 eineiige Zwillinge im Alter von 18 bis 26 über den Zeitraum von 100 Tagen, täglich, sonntags ausgenommen, 1000 kcal mehr verzehren, als sie gewohnt waren. Da ein Kilogramm Fettgewebe einen Brennwert von 7000 kcal hat und die Probanden über die 100 Tage ein Plus von 86000 kcal angehäuft hatten, wäre eine Gewichtszunahme von 12,3 kg zu erwarten gewesen. Tatsächlich resultierte eine Spannbreite von 4,3 bis 13,3 kg. Die erbidentischen Zwillinge nahmen jedoch relativ ähnlich zu, so dass daraus gefolgert werden kann, dass genetische Disposition Adipositas begünstigt. Es bleibt folglich festzuhalten, dass weitere Cofaktoren das Abnehmen beeinflussen, weshalb eine Reduktion oder Erhöhung der Kalorienzufuhr sich bei jeder Person unterschiedlich stark auswirkt.

Um abzunehmen bedarf es einer negativen Energiebilanz

2.2 Der Jojo-Effekt

In der Praxis führten die unterschiedlichsten Diäten zu immer gleichen Erfahrungen:
- Zunächst kommt es zu einer initialen Gewichtsreduktion
- Zumeist stagniert nach einiger Zeit die Gewichtsabnahme
- Der Patient bricht daraufhin die Diät ab
- Anschließend steigt das Gewicht wieder an (Jojo-Effekt)

„Zu diesem sehr einheitlichen Misserfolgsschema steht die bunte Variationsvielfalt der unterschiedlichsten Diäten in grobem Kontrast" (Reich & Cierpka, 2010, S. 5). Eine Gruppe von Diäten beschränkt die Lebensmittelauswahl und begründet damit einen besonders guten Effekt für die Gewichtsabnahme, zum Beispiel Eier-, Nudel-, Steak- oder Apfeldiät. Eine andere Gruppe favorisiert mit der Atkins-Diät einen einzigen Nährstoff und empfiehlt, ausschließlich Fett, aber keine Kohlenhydrate zu essen, oder umgekehrt nur Kohlenhydrate, aber kein Fett wie bei der Brotdiät. Auch proteinbetonte Diäten wie die Mayo-Diät wurden vorgeschlagen. Andere Diäten, wie zum Beispiel die Ahornsirup-Zitronensaft-Diät, stellen noch krassere Formen der Fehlernährung dar, oder sie beanspruchen für sich Wirkprinzipien, die wissenschaftlich nicht fundiert sind. Zuletzt wurden verstärkt auch Formuladiäten angeboten, die nach den Vorgaben von § 14a der Diätverordnung, eine bestimmte Nährstoffkombination mit etwa 700-800 kcal in Form von Drinks oder Suppen enthalten. Von ernährungswissenschaftlicher Seite wurden stets die kalorienreduzierte Mischkost mit 1000-1200 kcal pro Tag empfohlen (Reich & Cierpka, 2010, S. 5 f.).

„Das psychologische Wirkprinzip dieser Diäten beweist in sich selbst seine Funktion. Eine Verknappung der Nahrungszufuhr, gleich in welcher Form, führt kurzfristig immer zu einer Gewichtsabnahme und beweist damit, dass diese Diät funktioniert" (Reich & Cierpka, 2010, S. 6). Auf der Waage hingegen, kann nicht festgestellt werden, ob Fett oder Protein abgebaut wurde. Der initiale Gewichtsverlust geht jedoch größtenteils auf Protein- und Wasserverluste zurück, was daran erkennbar ist, dass in der ersten Diätwoche Gewichtsverluste von mehreren Kilogramm verzeichnet werden, die durch den Abbau von Fett energetisch überhaupt nicht möglich wären. Nach Beendigung oder bei Abbruch der Diät kommt es daher rasant zu einer Gewichtszunahme, da die Proteinbestände als regulierte Körperkompartimente restituiert werden. Man spricht hier vom sogenannten Jojo-Effekt, was im Bewusstsein der Diäthaltenden aber nicht gegen die Wirksamkeit dieser spricht, sondern den eigenen Misserfolg belegt, nicht länger durchgehalten zu haben (Reich & Cierpka, 2010, S. 6).

Zusammengefasst bedeutet das, dass Gewichtsverluste, die zu rapide eintreten und auf extremem Verzicht basieren, eine gegenteilige Wirkung entfalten, da bei diesen in so kurzer Zeit energetisch nicht nur Fett abgebaut werden kann, sondern auch viele proteinhaltige Strukturen dem Abbau zum Opfer fallen. „Entsprechend hoch ist dadurch zunächst der tägliche Proteinverlust mit ca. 70 – 80 g. Der Hauptort der Proteolyse und damit die Hauptquelle für Aminosäuren ist die Muskulatur" (Löser, 2011, S. 22). Sind die muskulären Strukturen aufgrund einer extremen Verknappung der Nahrung nun geschrumpft, sinkt entsprechend der Grundumsatz. Beginnt die Person dann wieder wie gewohnt zu essen, schnellt das Gewicht exponentiell in die Höhe, da durch die abgebaute Muskulatur wesentlich weniger Kalorien in Ruhe verbrannt werden. Aufgrund dieser Erkenntnis lässt sich ableiten, dass eine Gewichtsreduktion nicht durch extremen Verzicht und in zu kurzer Zeit erzwungen werden sollte.

Nehmen Sie schrittweise und langsam ab

2.3 Dauer von Gewichtsreduktionen

Führen Sie sich vor Augen, wie lange sich der Prozess der Gewichtszunahme schon vollzieht. Meist nimmt man schleichend mit zunehmendem Alter auch an Gewicht zu. Dass es nun Zeit bedarf, diesen Prozess umzukehren, sollte fast auf der Hand liegen. Ein über Jahre angesammeltes Fettpolster wird nicht binnen weniger Wochen zum Schmelzen zu bringen sein. Auch unter Beachtung der anfangs durchgeführten groben Rechnung wird ersichtlich, dass Gewichtsreduktionen einer gewissen Zeit bedürfen, wenn sie nachhaltig und ohne Hungern von statten gehen sollen.

Um abzunehmen, muss eine negative Kalorienbilanz erzeugt werden. Diese sollte aber nicht zu weit im Negativen liegen, da sonst wertvolle Proteinstrukturen abgebaut werden und das Gefühl des Hungerns eintritt, dieses ein Hemmnis darstellt und letztlich das Durchhaltevermögen stark beeinträchtigt. In der Literatur wird beispielsweise empfohlen 20 % des täglichen Kalorienbedarfs einzusparen (Valerius-Szöke, 2017), was bei einem durchschnittlichen Kalorienverbrauch eines Erwachsenen (2000 kcal pro Tag) eine Einsparung von 400 kcal bedeutet. Scherman (2013) empfiehlt ein Defizit von 300 – 500 kcal pro Tag zu erzeugen. Es kann festgehalten werden, dass also ein Defizit von einigen wenigen hundert kcal je Tag sinnvoll erscheint, da so auch kein zu extremer Verzicht entsteht. Anhand dieser Überlegung ergeben sich realistische Gewichtsverluste von wenigen Kilogramm pro Monat. Im Monat erscheinen so folglich 1 – 2 kg Gewichtsverlust realistisch zu sein. Vor allem aber von langfristigem Charakter und gesundheitsförderlich zu sein.

Zusammengefasst kann gesagt werden, dass eine Gewichtsreduktion Zeit braucht, realistisch sind Verluste von 1 - 2 kg pro Monat. Stecken Sie dementsprechend Ihre Ziele! Fragen Sie sich, wann Sie wie viel abgenommen haben wollen und bleiben Sie dabei realistisch, es wird auch Schwankungen und Stagnation im Verlauf der Gewichtsreduktion geben. Zum Beispiel:

„In 12 Monaten, also am Tag XX.XX.2019, werde ich 15 kg abgenommen haben."

> **Setzen Sie sich realistische Ziele**

2.4 Wirkfaktoren bei der Gewichtsreduktion

Aufgrund der oben beschriebenen Problematik von Diätkonzepten, soll nun eine Auswahl wissenschaftlich abgesicherter Empfehlungen zum Thema Gewichtsreduktion vorgestellt werden. Diese Auswahl erhebt keinen Anspruch auf Vollständigkeit.

Proteinreiche Ernährung:
Der menschliche Körper benötigt zum Überleben Proteine. Wer abnehmen will, sollte auf eine eiweißreiche Ernährung achten, nicht zuletzt, um Muskelabbau vorzubeugen. Proteinreiche Nahrung sorgt dafür, dass das Sättigungsgefühl länger anhält und der Appetit reduziert wird (Johnston et al., 2002, S. 55 ff.). *Praxistipp: Rührei mit Vollkornbrot, Speisequark mit Nüssen, Früchten, Zimt und Honig, Naturbelassene Nüsse als Snack, Fischfilet mit gekochten Kartoffeln, Müsli mit Haferflocken und Nüssen anreichern.*

Aufnahme raffinierter Kohlenhydrate begrenzen:
Raffinierte Kohlenhydrate sind Kohlenhydrate ohne wertvolle Nähr- und Ballaststoffe, wie Weißmehlprodukte und Zucker. Sie sind kontraproduktiv, da Blutzuckerschwankungen und Heißhungerattacken mit übermäßigem Appetit gefördert werden (Roberts, 2000, S. 163 ff.). *Praxistipp: Vollkornprodukte statt Weißmehl, Wasser statt zuckerhaltiger Limonaden.*

Ballaststoffreiche Lebensmittel integrieren:

sie fördern die Verdauung, schützen vor Verstopfungen und fördern die Gewichtsreduktion durch verzögerte Magenentleerung und erhöhte Magenfülle, die dem Gehirn ein Sättigungsgefühl signalisiert (Kristensen & Jensen, 2011, S. 65 ff.). *Praxistipp: Vollkornreis, Vollkornbrot, Vollkornhaferflocken, Kerne, Beerenfrüchte, Gemüse.*

Obst und Gemüse integrieren:

Die ernährungsphysiologischen Vorteile sind eine geringe Energiedichte und ein geringer Fettgehalt bei gleichzeitig hohem Gehalt an Vitaminen, Spurenelementen und Ballaststoffen. Menschen, die mehr Obst und Gemüse essen, bringen eher weniger Gewicht auf die Waage (Ledoux et al., 2011, S. 143 ff.). *Praxistipp: Empfohlen sind 3 – 5 Portionen Obst pro Tag, nehmen Sie sich beispielsweise Obst als Pausensnack mit, eine Banane, einen Apfel, eine Mandarine, all das kann ganz bequem und ohne Besteck verzehrt werden.*

Flüssige Kalorien und zuckerhaltige Getränke vermeiden:

Täglicher Konsum zuckerhaltiger Getränke erhöht das Risiko für Fettleibigkeit bei Kindern um bis zu 60 % (Ludwig et al., 2001, S. 505 ff.). Stattdessen sollte Wasser konsumiert werden, da es keine Kalorien enthält. *Praxistipp: Alkohol und zuckerhaltige Getränke belasten unbewusst die tägliche Kalorienbilanz, reduzieren Sie daher den Konsum auf ein Minimum. Trinken Sie stattdessen ausreichend Wasser, da es für verschiedenste Stoffwechselvorgänge im Körper unerlässlich ist. Vor jeder Mahlzeit ein Glas Wasser konsumieren, um so den Magen bereits zu füllen.*

Bewegung und Krafttraining:

Diäten gehen häufig mit einem Verlust an Muskelmasse einher, weshalb Krafttraining ergänzend durchgeführt werden sollte, um Muskelmasse zu erhalten oder aufzubauen, was den Kalorienverbrauch auch in Ruhe erhöht (Marks et al., 1995, S. 1243 ff.). Allgemein gesprochen erhöht körperliche Aktivität ihren Kalorienverbrauch und geht mit einer Reihe positiver gesundheitsfördernder Wirkungen einher. *Praxistipp: Nutzen Sie Treppen statt Rolltreppen und Aufzüge, nutzen Sie für kurze Strecken das Fahrrad oder gehen Sie zu Fuß, finden Sie eine der unzähligen Sportarten, die Ihnen Spaß bereitet, betreiben Sie Sport mit Gleichgesinnten und Freunden.*

> **Orientieren Sie sich an neutralen und wissenschaftlich fundierten Empfehlungen**

2.5 psychologische Aspekte der Gewichtsreduktion

„Unter psychologischen, psychodynamischen und psychometrischen Gesichtspunkten unterscheiden sich Adipöse nicht signifikant von Normalgewichtigen" (Wechsler, 2003, S. 259). Bei Adipositas hat sich der Einsatz der Verhaltenstherapie bewährt, welche zum Ziel hat, die Motivation für eine Gewichtsreduktion zu verstärken, das Ernährungsverhalten langfristig zu verändern, die körperliche Aktivität zu steigern, sowie psychosoziale Probleme und Misserfolge zu bewältigen. Die Verhaltenstherapie sollte sich methodisch an den Prinzipien der Lernpsychologie orientieren, wobei eine Misserfolgsprophylaxe wesentlich ist. Diese kann nur durch ein verhaltenstherapeutisches Programm erfolgreich sein. Anspruchsniveau und Zielvereinbarung dürfen nicht zu hoch angesetzt sein, da der Klient durch einen zu großen Verhaltensaufwand sehr schnell überfordert wird. Rigide Verhaltensvorschriften sind dabei weniger zielführend, als vom Klienten reflektiertes und selbst neu formuliertes Verhalten (Wechsler, 2003, S. 259).

Verhaltensänderungen sind über die kognitive, emotionale und psychomotorische Ebene zu bewirken. Einfach ausgedrückt heißt das, Kopf, Herz und Hand anzustreben. Maßnahmen, die diese verschiedenen Lerndimensionen, über die die Teilnehmer zu erreichen sind, verknüpfen, kommen dem Ziel der Verhaltensänderung am nächsten. Aktives Mitmachen und praktisches Üben mit Fallbeispielen sind Mittel der Wahl. Beispiele hierfür sind Lehrküchenveranstaltungen, Einkäufe und das Schätzen und Wiegen von Lebensmitteln, um ein Mengenverständnis zu entwickeln. „Wichtig ist, die Gewohnheiten und Alltagssituationen der Patienten in diese Lernprozesse einzubeziehen, um die Motivation zum Weitermachen zu stärken und aufrechtzuerhalten" (Wechsler, 2003, S. 271).

Des Weiteren sprechen eine Reihe von psychosozialen Gründen für die Teilnahme an Bewegungsprogrammen. Das gesellschaftliche Schönheitsideal definiert den jungen, schlanken und sportlichen Menschen als schön, gesellschaftlich anerkannt und erfolgreich. Übergewichtige entsprechen nicht dieser Norm, was dazu führen kann, dass der positive Bezug zum eigenen Körper verloren gehen kann. Frustration, Schamgefühle und der Verlust von Selbstwert können die Folge sein. Durch Sport werden Adipöse nicht nur theoretisch, sondern auch praktisch mit ihrer Körperfülle konfrontiert, wodurch negative Einstellungen gegenüber dem eigenen Körper verstärkt werden können. Daher erfordert die Ansprache der Themen Sport und Bewegung besonders viel Einfühlungsvermögen. Der Erfolg eines jeden Bewegungsprogramms wird von der Häufigkeit der Durchführung abhängen. Die Regelmäßigkeit der Durchführung ist wiederum abhängig davon, ob der Teilnehmer Freude an der Aktivität gewinnt, also von dessen Motivation. Es sind ausschließlich von außen bestimmte Motive, die den Teilnehmer dazu veranlassen können, trotz möglicher negativer Erfahrungen (Muskelkater, Anstrengung) nicht aufzugeben. Beispiele hierfür sind eine bessere Figur oder gesundheitliche Effekte. An diese Phase der Anstrengung schließt sich ein Stadium an, in dem Anstrengung und Überforderung durch Gefühle des körperlichen Wohlbefindens abgelöst werden. Die Motivation kann von äußeren Anreizen hin zu einer intrinsischen Motivation transformiert werden, gekennzeichnet durch ein Gefühl der Freude und Entspannung aufgrund der körperlichen Aktivität selbst. Diese intrinsische Motivation erhöht den Erfolg auf langfristige Durchführung erheblich. „Ein wichtiger Schritt von einer extrinsischen zu einer intrinsischen Motivationslage besteht in der Fokussierung auf die körperliche Aktivität selbst und in der Bewußtwerdung der Gefühle, die mit dieser Aktivität verbunden sind" (Wechsler, 2003, S. 285). Wenn die ausgeübte Aktivität genau den individuellen Fähigkeiten und Bedürfnissen entspricht, empfinden die Betroffenen häufig ein hohes Maß an Zufriedenheit, Selbstkontrolle und Freude.

Damit Sportprogramme nicht wegen gesundheitlicher Komplikationen, falscher Belastungsintensität, anfänglicher Überforderung oder ausbleibender Erfolge aufgegeben werden, ist es enorm ausschlaggebend, die Ziele maßvoll zu stecken und auch kleine Erfolge zu verstärken. Für die erfolgreiche Durchführung ist es ratsam, auf die zahlreichen gesundheitsförderlichen Konsequenzen hinzuweisen, die auch unabhängig von einer Gewichtsreduktion stattfinden. Nur wenn die Person vom Nutzen überzeugt ist, nimmt sie die körperliche Aktivität in Kauf. Zu Beginn sollten daher Informationen zur Verfügung gestellt werden, die Erkenntnisse über die positiven Konsequenzen vermitteln (Wechsler, 2003, S. 284 f.).

Zusammengefasst lässt sich hier festhalten, dass Verbote weniger zielführend sind, als maßvoller Genuss. Es gibt nichts, was Sie nicht essen dürfen! Es ist lediglich eine Frage des Verhältnisses, es darf ruhig mal eine fette Pizza sein, doch dann sollte eben auch mal eine Runde Sport drin sein, oder ein „ausgleichender" gesunder Salat. Sportprogramme sollten weiterhin den persönlichen Neigungen Rechnung tragen, damit sie langfristig durchgeführt werden.

Genießen Sie bewusst maßvoll und ohne Verbote

3 Die Rolle von körperlicher Aktivität beim Abnehmen

Wie unter Punkt 2.2 bereits erwähnt, beugt körperliche Aktivität, insbesondere Krafttraining, dem Verlust von Muskelmasse vor, was ein entscheidender Faktor zur Verhinderung des sogenannten Jojo-Effekts ist. Des Weiteren stellt körperliche Aktivität einen der beiden Stellhebel dar, um die eigene Kalorienbilanz zu verändern. Wer also seine Essgewohnheiten nur marginal verändern, oder auf einige Leckereien nicht verzichten möchte, sollte die Kalorienbilanz durch körperliche Aktivität umso mehr beeinflussen (vgl. Punkt 2.1).

Eine gesteigerte körperliche Aktivität wirkt nicht nur diversen gesundheitlichen Risiken entgegen, sie fördert zugleich die körperliche Fitness und das physische und mentale Wohlbefinden. „Gerade den sportlichen Aktivitäten werden in diesem Zusammenhang anti-depressive und allgemein stimmungsverbessernde Effekte zugeschrieben sowie weitere gesundheitsrelevante Wirkungen wie z. B. Die Stärkung des Selbstvertrauens." (RKI, 2005, S. 7)

Gute Fitness und regelmäßige körperliche Aktivität senken die Gesamtsterblichkeit und führen somit zu einer verlängerten Lebenserwartung. Dies gilt für beide Geschlechter und ist unabhängig von genetischen Faktoren. Auch eine späte Veränderung der Lebensgewohnheiten lohnt sich noch. Je höher das Ausmaß körperlicher Aktivität ist, desto deutlicher fällt die Senkung der Mortalität aus (Muster & Zielinski, 2006, S. 5).

Auch unabhängig von einer einfacher zu bewerkstelligenden Gewichtsreduktion stellen sich durch körperliche Aktivität zahlreiche positive Effekte ein:

Auswirkungen von körperlicher Aktivität auf die Gesundheit	
Lebenserwartung	▲▲▲
Risiko von kardiovaskulären Erkrankungen	▼▼▼
Blutdruck	▼▼
Risiko an Darmkrebs zu erkranken	▼▼
Risiko an Diabetes mellitus Typ II zu erkranken	▼▼▼
Beschwerden durch Arthrose	▼
Knochendichte im Kindes- und Jugendalter	▲▲
Risiko altersbedingter Stürze	▼▼
Kompetenz zur Alltagsbewältigung im Alter	▲▲
Kontrolle des Körpergewichts	▲
Angst und Depressionen	▼
Allgemeines Wohlbefinden und Lebensqualität	▲▲

Erklärung:
▲ = Einige Hinweise, dass körperliche Aktivität die Variable steigert;
▲▲ = moderate Hinweise, dass körperliche Aktivität die Variable steigert;
▲▲▲ = starke Hinweise, dass körperliche Aktivität die Variable steigert;
▼ = einige Hinweise, dass körperliche Aktivität die Variable senkt;
▼▼ = moderate Hinweise, dass körperliche Aktivität die Variable senkt;
▼▼▼ = starke Hinweise, dass körperliche Aktivität die Variable senkt.

Abb. 1: Auswirkungen von körperlicher Aktivität auf die Gesundheit (RKI, 2005, S. 8)

Nach Empfehlungen internationaler Organisationen wie dem American College of Sports Medicine oder dem Netzwerk Gesundheit und Bewegung Schweiz sollten Erwachsene mindestens 30 Minuten an moderater körperlicher Aktivität an den meisten, am besten allen Tagen der Woche ausüben, was einem zusätzlichen Kalorienverbrauch von etwa 200 kcal pro Tag entspricht. Als moderate körperliche Aktivitäten gelten solche, bei denen man etwas schwerer atmen muss als normalerweise, wie z. B. Beim Radfahren oder beim zügigen Spazieren. Für einen optimalen gesundheitlichen Nutzen sollten nach Möglichkeit drei Ausdauertrainingseinheiten (je 20 – 60 Minuten) und zwei kraftorientierte Trainingseinheiten pro Woche ausgeübt werden (RKI, 2005, S. 13).

Zusammengefasst kann gesagt werden, dass körperliche Aktivität nicht nur den Prozess der Gewichtsreduktion unterstützt, indem Muskelmasse erhalten wird und die Kalorienbilanz zielführend beeinflusst wird, sondern eine noch weit größere Tragweite positiver Cofaktoren für den Betroffenen mit sich bringt.

> **Treiben Sie ergänzend (Kraft-) Sport**

4 Zusammenfassung

Seien Sie kritisch gegenüber verheißungsvollen Versprechungen, orientieren Sie sich lieber an neutralen und wissenschaftlich fundierten Empfehlungen. Hierfür sind Studien und wissenschaftliche Artikel geeignet, die in keinem Zusammenhang mit einem beworbenen Produkt stehen.

Setzen Sie sich realistische Ziele, damit ihre Motivation nicht schon auf den ersten Metern erstickt wird, falls Ihre Ziele zu hoch gesteckt sind. Planen Sie dabei auch phasenweise Rückschläge und Stagnation ein, denn eine Gewichtsreduktion ist nie ein linearer Prozess.

Nehmen Sie schrittweise und langsam ab, zu radikale Gewichtsreduktionen sind weder gesundheitlich sinnvoll (Muskelmasse-Verlust) noch zielführend, da sie den Jojo-Effekt fast schon vor programmieren.

Genießen Sie bewusst und ohne Verbote, es gibt nichts, das Sie nicht essen dürften, lediglich das Verhältnis aus gesund und ungesund muss in der Bilanz passen.

Treiben Sie ergänzend (Kraft-) Sport, nur so beugen Sie einem Verlust an Muskelmasse beim Abnehmen vor. Zudem verbrennen Sie so mehr Kalorien und profitieren von einer Vielzahl an gesundheitsförderlichen Faktoren. Achten Sie darauf, dass die Aktivität Ihren persönlichen Neigungen entspricht und nutzen Sie Ihr soziales Umfeld zur Gewinnung von Gleichgesinnten und möglichen Trainingspartnern.

5 Literaturverzeichnis

Bouchard, C. (1990). The response to long-term overfeeding in identical twins. *The New England journal of medicine*, 322 (21), 1477-1482.

Johnston, C.-S., Day, C.-S. & Swan P.-D. (2002). Postprandial thermogenesis is increased 100% on a high-protein, low-fat diet versus a high-carbohydrate, low-fat diet in healthy, young women. *J Am Coll Nutr.*, 21(1), 55-61.

Kristensen, M. & Jensen, M.-G. (2011). Dietary fibres in the regulation of appetite and food intake. Importance of viscosity. *Appetite*, 56 (1), 65-70.

Ledoux, T.-A., Hingle, M.-D. & Baranowski, T. (2011). Relationship of fruit and vegetable intake with adiposity: a systematic review. *Obesity reviews*, 12 (5), 143-150.

Löser, C. (2011). *Unter- und Mangelernährung: Klinik – moderne Therapiestrategien – Budgetrelevanz*. Stuttgart: Georg Thieme.

Ludwig, D.-S., Peterson, K.-E. & Gortmaker, S.-L. (2001). Relation between consumption of sugar-sweetened drinks and childhood obesity: a prospective, observational analysis. *The Lancet*, 357 (9255), 505-508.

Marks, B.-L., Ward, A., Morris, D.-H., Castellani, J. & Rippe, J.-M. (1995). Fat-free mass is maintained in women following a moderate diet and exercise program. *Medicine & Science in Sports & Exercise*, 27 (9), 1243-1251.

Muster, M. & Zielinski, R., (2006). *Bewegung und Gesundheit: Gesicherte Effekte von körperlicher Aktivität und Ausdauertraining.* Darmstadt: Steinkopff.

Rahmen, M. (2015). *Leicht abnehmen ohne zu verzichten: Die negative Energiebilanz.* Berlin: neobooks.

Reich, G. & Cierpka, M. (2010). *Psychotherapie der Essstörungen. Krankheitsmodelle und Therapiepraxis – störungsspezifisch und schulenübergreifend.* (3. Auflage). Stuttgart und New York: Georg Thieme.

Robter Koch Institut, (2005). *Gesundheitsberichterstattung des Bundes. Heft 26. Körperliche Aktivität.* Berlin: RKI.

Roberts, S.-B. (2000). High-glycemic index foods, hunger, and obesity: is there a connection?. *Nutrition Reviews,* 58 (6), 163-169.

Scherman, T. (2013). *Der große Abnehmreport 2013.* Köln: UjustFeelGood UG.

Valerius-Szöke, G. (2017). *Fitness für Anfänger und Übergewichtige: Vitaler werden und gesund abnehmen mit Ausdauersportarten.* Norderstedt: Books on Demand.

Wechsler, J.-G. (2003). *Adipositas. Ursachen und Therapie.* (2. Auflage). Berlin: Blackwell.

6   Abbildungsverzeichnis

Abbildung 1: Auswirkungen von körperlicher Aktivität auf die Gesundheit

7   Abkürzungsverzeichnis

g	=	Gramm
kcal	=	Kilokalorie(n)
kg	=	Kilogramm
z. B.	=	zum Beispiel

BEI GRIN MACHT SICH IHR WISSEN BEZAHLT

- Wir veröffentlichen Ihre Hausarbeit, Bachelor- und Masterarbeit

- Ihr eigenes eBook und Buch - weltweit in allen wichtigen Shops

- Verdienen Sie an jedem Verkauf

Jetzt bei www.GRIN.com hochladen und kostenlos publizieren